Michael Seifert

Elf Tage im Leben des Schriftstellers H.

Späte Rezension zu einem überbewerteten "Roman"

Michael Seifert

Elf Tage im Leben des Schriftstellers H.

Späte Rezension zu einem überbewerteten "Roman"

GRIN Verlag

Bibliografische Information der Deutschen Nationalbibliothek: Die Deutsche Bibliothek verzeichnet diese Publikation in der Deutschen Nationalbibliografie; detaillierte bibliografische Daten sind im Internet über http://dnb.d-nb.de/ abrufbar.

1. Auflage 2011
Copyright © 2011 GRIN Verlag
http://www.grin.com/
Druck und Bindung: Books on Demand GmbH, Norderstedt Germany
ISBN 978-3-656-05726-0

11 Tage im Leben des Schriftstellers H.

Späte Rezension zu einem überbewerteten „Roman"

(„Der Fliegenpalast", Walter Kappacher Büchnerpreisträger 2009)

Michael J. Seifert

Warum schreibt jemand über einen bereits 2009 erschienenen, hochgelobten und teilweise ausgesprochen bejubelten Roman, zu dessen Erscheinen der Autor Walter Kappacher überdies mit dem Büchnerpreis, dem wichtigs deutschen Literaturpreis, geehrt wurde, jetzt noch, 2 Jahre später, eine Rezension? Zugegeben: es handelt sich um zufällig-persönliche Anlässe, die schnell benannt sind. Sie haben schlichtweg damit zu tun, dass der Rezensent einem privaten literarischen, sich mit zeitgenössischer Prosa befassenden Zirkel angehört, der sich vor ein paar Monaten, also zwei Jahre nach dem Publikationsdatum, dazu entschied, den nämlichen Roman „Der Fliegenpalast" von Walter Kappacher zu lesen und zu diskutieren. Zur gemeinsamen Lektüre angeregt wurde die Gruppe durch die äußerst überschwänglichen und begeisterten Besprechungen in verschiedenen Rezensionen. So wurde in der Neuen Züricher Zeitung (27.5.2009) der „Fliegenpalast" als „ein Roman von unauffälliger Schönheit" bezeichnet. In der Zeit vom 20.5.2009 spricht Andreas Isenschmidt mit höchster Bewunderung über den „Roman", in der Frankfurter Allgemeinen vom 12.3.2009 sieht sich der Rezensent Hans-Jürgen Schings durch den Roman tief hineingezogen in die Krise der europäischen Moderne. Michael Maar in der Süddeutschen Zeitung (11.2.2009) bewertet Kappachers Werk gar als „unerhörten Glücksfall der deutschsprachigen Gegenwartsliteratur" und sieht sich aus unerfindlichen Gründen genötigt mitzuteilen, dass er im Bewertungsvergleich mit Thomas Manns „Lotte in Weimar" Kappachers Werk den Vorzug geben würde.

Um es vorwegzunehmen: Das Ergebnis der zeitlich etwas nachgelagerten Lektüre des Romans war: Ernüchterung, ja eine gewisse Enttäuschung. In Anbetracht der geradezu euphorischen Bewertungen aus den Feuilletonredaktionen der genannten renommierten Zeitungen mit ihrer geballten literarischen Autorität, mag eine deutlich abweichende Einschätzung irgedeines „Lesers" als Vermessenheit erscheinen. Wichtiger als diese Frage ist jedoch die Reflektion darüber, wie es zu solchen divergierenden literarischen Urteilen kommt und was es mit dem Roman eigentlich auf sich hat,

„Anders als er sich in Lenzerheide vorgestellt hatte, konnte er jedoch in der Fusch ebenso wenig arbeiten, wie in der Schweiz. Es war ihm hier bis jetzt nicht möglich gewesen, aus der Ungestörtheit für seine Arbeit Nutzen zu ziehen", beschreibt Kappacher seinen Protagonisten bereits auf der ersten Seite seines Romans „Der Fliegenpalast".

Der Fluß der literarischen Produktivität und Kreativität, ist scheinbar vor allem für Schriftsteller, generell natürlich für Künstler, essentiell, ja existentiell, weil sich daran Selbstverständnis, Identität oder überhaupt der Sinn ihrer eigenen Existenz bemisst. Das Nachlassen der Schaffenskraft stellt demnach eine besondere Existenzkrise und persönliche Herausforderung dar, besonders wenn bereits bestimmte Erwartungen, Aspirationen und Bestätigungen hinsichtlich eines prospektiven oder bereits vorhandenen künstlerischen Erfolgs bzw. Ruhms aufgebaut sind, wie im Falle der von Kappacher beschriebenen Schreibblockade des Großschriftstellers H., hinter dem sich kein Geringerer als der berühmte und erfolgreiche fin-de-siecle Schriftsteller Hugo von Hofmannsthal nicht gerade verbirgt. Diese Schreibblockade-Erfahrung wird von Kappacher am Beispiel dieses H. im kulturell-historischen Kontext seines berühmten Kollegen ausbuchstabiert.

Aber Kappacher hat keinen irgendwie gearteten biografischen Roman über Hugo von Hofmannthal geschrieben, sondern einen über H., der weder völlig fiktiv, aber auch nicht identisch ist, aber vieles mit Hofmannthal zu tun hat, dessen Geschichte gewissermaßen als Steinbruch und Lieferant dient für die dichterische Gestaltung eines Typus von Schriftsteller, der in einer ganz eigenen Weise mit der belastenden Erfahrung einer gehemmten bzw. versiegenden literarischen Kreativität umgeht. Um etwas anderes kann es in dem Roman, der eigentlich keiner ist – dazu ausführlicher weiter unten - , auch gar nicht gehen. Der Plot ist schnell erzählt, er ist im Klappentext des Buches hinreichend dargestellt, der Autor selbst fasst ihn auf anderthalb Seiten gleich zu Beginn seines Romans zusammen. Noch kürzer, aber vollständig ist er wie folgt skizziert.

Der alternde, berühmte Schriftsteller H. kehrt für einige Tage in einen aus seiner Erinnerung magischen Sehnsuchtsort, ein Kurbad in den Salzburger Alpen, zurück, mit dem ihn sowohl als Kind und Jugendlicher im Rahmen regelmäßiger „sommerfrischelnder" Familienaufenthalte als auch als junger Mann mit erwachender sprühender dichterischer Produktivität und ersten literarischen Anerkennungsverhältnissen besondere Glücksmomente verbinden. Von dieser Rückkehr in das Kurbad erhofft sich der in einer Lebens- und Schaffenskrise steckende Schriftsteller seine dichterische Inspiration und Kreativität

wiederzuerlangen , doch er findet seine Hoffnungen nicht bestätigt, er selbst und die ihn umgebende Welt haben sich verändert..... Damit muss er sich auseinandersetzen.

Wer bei dem historischen Künstlerroman von Kappacher eine Geschichte mit Spannungsbogen und epischer Handlungsdramatik erwartet, muss sich enttäuscht sehen. Diese Erwartung möchte der Autor scheinbar auch gar nicht bedienen. Ihm geht es vielmehr darum, eine Art von besonders charakteristischer Anschaulichkeit herzustellen, ein typisches Muster, einen Typus literarisch zu erzeugen anhand eines historischen, aber nicht biografischen Künstlerromans, der mit H. benannte historische Schriftsteller Hofmannsthal liefert dafür das Ausgangsmaterial, die notwendigen Eckdaten und Kontextualisierungen. Worin besteht die Typisierungsabsicht?

Kappacher zeichnet das Bild eines Schriftstellers mit einer manifesten Schreibblockade – ein zeitloses Phänomen, das es immer schon gegeben hat, vielleicht hat Kappacher auch schon solche Schwierigkeiten erlebt ? Er setzt nun dieses Thema in den kulturell-gesellschaftlichen Kontext der morbiden fin-.de-siecle-Epoche und beschreibt wie ein berühmter Schriftsteller als Repräsentant dieser Zeit von körperlichen, persönlich-geistigen, aber auch sozialen, kulturellen und allgemeinen politischen Entwicklungen tangiert ist, die er als für diese Epoche typische Verfalls- und Niedergangserfahrungen zu erleben scheint. Körperlich spürt er das Schwinden seiner Lebenskraft, Anflüge von Krankheitsymptomen, in Erinnerung an seinen Vater, die Antizipation eines möglicherweise nahenden Todes. Geistig erlebt er die Schaffenskrise und die damit verbundenen Selbstzweifel hinsichtlich der Qualität und der Stellung seines bisherigen Werks. In sozialer Hinsicht spürt er eine Vereinsamung - im Kurbad Fusch vermisst er Menschen mit denen er reden kann, fühlt sich umstellt von (projizierten) Konkurrenz- und Konflikterlebnissen zu Schriftstellerkollegen, er schleppt andauernd Gefühle von Missgunst, Neid und Misstrauen mit sich herum, er spürt aber auch die kleinen Veränderungen in seiner Lebenswelt, wie z. B. den von ihm bedauerten Veränderungen des Kurbads, der beklagenswerte Zustand des Grandhotels, in dem er nächtigt; politisch-kulturell ist es die Erfahrung des 1. Weltkriegs, der Zusammenbruch der Donaumonarchie mit dem Verlust des Kaisertums, bis zur allgemeinen geistig-kulturellen Krise, wie dies Kappacher anhand der gedanklichen Episode zu Oswald Spenglers Buch „Der Untergang des Abendlands" exemplarisch vorführt. Symbolisch für diesen Verfall steht die im Buchtitel verwendete Metapher „Fliegenpalast", das von den Kurgästen so bezeichnete Grandhotel, in dessen Wintergarten eine Fliegenplage spürbar wird, von der sich die Hotelgäste belästigt fühlen.

H. repräsentiert in der Konstruktion Kappachers den klassischen deutschsprachigen fin-de-siecle-Poeten, der an dem Milieu des elitären, gehobenen Bildungsbürgertums orientiert und auch sozial zugehörig ist, der sich im Netz ähnlich gesinnter Kollegen bewegt: Rainer Maria Rilke, Stefan George, Richard Strauss, Artur Schnitzler e tutti quanti. Damit ist auch das Personal benannt, mehr oder weniger berühmt, das Kappacher aus dem Bewußtseinsstrom seines Protagonisten auftreten lässt; in den Gedanken und Assoziationen von H. lässt er Gott und die Welt auftreten, meistens handelt es sich um kurze, häufig sich wiederholende Auftritte, sie werden lediglich angerissen. Skizziert wird H.`s Orientierung am klassischen Bildungsideal, an den griechisch-römischen antiken Bildungsinhalten, an der Renaissance und der literarischen Klassik als den immer noch Beispiel gebenden, führenden Epochen, die von Seiten dieser sich als genialisch und elitär verstehenden Dichterkaste verarbeitet und hochgehalten werden. Der Gedanke drängt sich auf, dass in solchen literarischen Kreisen eine Praxis sich wiederholender Expropriationen geistiger Urstoffe der abendländischen Kultur eingeübt, ja angezüchtet ist, schlimmstenfalls künstlerische re-makes, bestenfalls mehr oder weniger gelungene Neuinterpretationen der dort gelieferten Themen, Stoffe und Figuren, teilweise überlebt, was H. selbst schmerzlich bewusst wird, woraus sich partiell auch seine Selbstzweifel speisen, nämlich dort, wo er sein Bedürfnis artikuliert, mehr eigene Themen und Stoffe für seine literarischen Arbeiten zu finden. Leider ist es Kappacher nicht gelungen diesen gesamten Komplex literarisch durchzuarbeiten, in seinem Erzählbändchen blitzen diese Verweisungen nur auf, es ist alles nur die (vermessene) Deutungs-Hypothetik des Rezensenten.

Die Verfallserfahrungen wirken objektiv wie subjektiv als Schreibbremse.

Durch den gesamten Text zieht sich leitmotivisch die Klage und das Bedauern H.`s (der nur mit seinem Anfangsbuchstaben benannt wird, darin das typusmäßige der Figur unterstreichend) über seine defizitäre Inspiration, es werden die Varianten des Umgangs mit diesem Problem geschildert, z. B sich auf spätere Zeitpunkte oder andere Gelegenheiten zu vertrösten oder der mit sich und seinem Schicksal hadernde Großschriftsteller, der beschwört seinen inneren Zwang zur Fortsetzung und Beendigung seiner literarischen Projekte beschwört. Die ständig wiederkehrende und variierte Schilderung solcher Anwandlungen von H. wird sogar humorig, entbehrt nicht einer gewissen feinen Ironie Walserscher Prägung, also mitleidend, zeitweise sogar gesteigert zu einer fast zynischen Gestaltung, die eher an Thomas Bernhard erinnert, etwa in dessen Stücken Theatermacher oder Immanuel Kant, wo

die Hauptfiguren ständig ihre Hoffnung und Selbstvergewisserungen über die eigene künstlerisch-kulturelle Bedeutung thematisieren.

Ergänzend dazu die von Kappacher ausgeweideten, sich permanent repetierenden Beschreibungen der täglichen Zumutungen und Notwendigkeiten der Bearbeitung der Postkonvolute, ein lästiges und zeitraubendes Ritual, dem sich der Großschriftsteller dennoch verpflichtet fühlt. Einerseits spürt er, dass ihn dies vom eigentlichen literarischen Schreiben abhält, gleichzeitig jedoch kann dieser postalisch sich manifestierende Zuspruch für ihn als ein Signum seiner schriftstellerischen Bedeutung interpretiert werden. Genüsslich zelebriert Kappacher diese Situationen in zahlreichen Abschnitten des Romans. Das gleiche gilt auch für die wiederkehrend geschilderten quasi-ritualistischen Handlungen und Begebenheiten, die sich auf H.`s literarische Planungen und Projekte (Notizhefte) beziehen, seine Relationierungen zu anderen Kollegen und die Reflexion über seinen eigenen Status. Diese von Kappacher intensiv betriebene Ironisierung der Hauptfigur ist für den Leser zunächst durchaus amüsant, nutzt sich jedoch sehr schnell ab und erzeugt Ermüdungserlebnissse.

In Kappachers Erzählung zappelt die Hauptfigur vergleichsweise hilflos angesichts der Probleme mit denen sie subjektiv konfrontiert ist, Verdrängung und Verzweiflung scheinen sich abzuwechseln mit einem guten Schuss an Resignation, so z.B. wenn Kappacher ganz am Ende des Textes eine situative Fehleinschätzung seitens H. wie folgt beschreibt: „Rasch zog er sich zurück. Wie dumm von mir, dachte er. Es ist nichts". Diese Schlussszene kann – aufgrund ihrer Positionierung – als Schlüsselszene gedeutet werden, womit der Autor auf das subjekive Gefühl einer beginnenden Identitätskrise und Bedeutungslosigkeit des H. als Reaktionsform verweist. Die Selbstzweifel nagen an H., er spürt wohl die innere Notwendigkeit einer Umorientierung. So lässt Kappacher H. berichten, dass sein Sohn, der im übrigen im Roman sonst nicht präsent ist, ihm geraten habe, sich einen „another go" zuzulegen. Dem Leser leuchtet sofort ein, dass die in dieser anglizistisch-modernistischen Formulierung aufscheinende Lebenshaltung keine solche darstellt, die sich H. wird zu eigen machen können, von daher eine Umorientierung also nicht erwartet werden kann.

Kappacher zeichnet mit durchaus sicherer und gepflegter Erzählprosa einen fin-de-siecle-Poeten, der seinen Höhepunkt bereits überschritten hat und eigentlich nicht mehr so richtig in seine Zeit zwischen den Weltkriegen hineinpasst: Er hängt den zu Beginn der 1920er Jahren gängigen kulturpessimistischen Ideologemen nach, sei es Pannwitz` Beschreibung der Krise der europäischen Kultur oder der konservativ-organizistischen These Oswald Spenglers über den Untergang des Abendlandes. Als wäre dies eine Belegstelle für den allgemeinen Kulturverfall lässt Kappacher seinen H. sich verärgert darüber beklagen, dass seit dem

1.Weltkrieg die Qualität der Bleistifte nachgelassen habe. Hierzu passt es auch, dass gerade in dem Theaterstück, bei dem H. nicht mehr weiterzukommen scheint („Timon"), in einem Dialogauszug nicht nur eine kulturpesimistische und kulturskeptische Ideologie deutlich wird, sondern auch eine zynisch-demokratiefeindliche Haltung, wenn Kappachers Hofmannsthal in dem Theaterstück griechische Bürger einer antiken Stadt „in der Verfallszeit" sagen lässt, dass man vor der Volksdemokratie Timons, als dem radikalen Vertreter der Kleinbürger, deshalb keine Befürchtungen zu haben brauche, weil sie (die Volksdemokratie) sich schon von selbst erledigen und immanent zur Tyrannei entwickeln würde.

Anhand verschiedener erzähltechnischer Kniffe versucht Kappacher eine zeitgenössische politisch-kulturelle Kontextualisierung von H.`s Alltag und der ihn beschäftigenden Denkweisen und Ideologeme vorzunehmen, so indem er z.b. seine Zeitungslektüre anhand von Gedankensplittern, Überschriften, Textzitaten schlaglichtartig zu charakterisieren versucht (Hitlers Gefangenschaft in Landsberg, die Voraussage, dass Hitler ein begnadeter Rhetor sei und seine Zeit noch kommen würde, die Skepsis gegenüber dem Völkerbund und an diesen geknüpften Hoffnung auf Friede, negative Attitüden gegenüber der „Amerikanisierung" und dem Judentum, Richard Wagner und das Deutschtum). In mehreren Rückblenden lässt er H. glückliche und unbeschwerte Zeiten in der österreichischen K&K-Monarchie memorieren, namentlich auch des Kaisers Geburtstag.

Einschränkend muss jedoch gesagt werden, dass die Kontextualisierungen des Großschriftstellers H. und deren Verbindungen zur Produktivitätsbremse im Grunde genommen an der Oberfläche bleibt, sie werden lediglich assoziativ durchgeführt, eine Auseinandersetzung mit den Inhalten und Ideologemen findet nicht statt, hierzu fehlt auch eine Gegenposition, es fehlen andere Figuren, die solchen Typisierungsabsichten, wie sie Kappacher vornehmen möchte, mehr Dynamik verleihen könnten, sodass aus einem Diskurs heraus – wie beispielsweise in Thomas Manns Zauberberg - Positionen nachvollziehbar gemacht werden könnten, zumal die Parallele zwischen Manns Klink und dem Kurbad Fusch nicht zu übersehen ist. So geraten die Versuche der Typisierung durch Kontextbeschreibungen in Gefahr plakativ zu werden.

Ähnliche Probleme tun sich auf, wenn es um die von Kappacher eingeführten Bezüge auf die Inhalte des schriftstellerischen Werks von Hofmannsthal geht: Auch hier gelingt ihm keine literarische Durchdringung der von ihm eingeführten Bezüge, er nutzt sie mehr als aufgesetzte Schlagworte, die äußerlich mit Symbolik aufladen sollen. Exemplarisch dazu die Stelle, an der Kappacher H. eine der berühmten Prosa-Arbeiten Hofmannsthals einbringen

lässt (Briefe an Lord Chandos), ohne auch nur im entferntesten auf die dort ausgebreitete sprachphilosophische Konzeption Hofmannsthals einzugehen, d.h. seinen Protagonisten oder andere Figuren darüber räsonnieren zu lassen. Bei Kappacher dominieren die flashes von Namen und Begriffen, die in den längeren Einstellungen zu entdeckenden Dinge bleiben verborgen.

Die wirklich einzige Stelle, an der sich Kappacher auf die Inhalte der Arbeit von H. einlässt, ist die bereits angesprochene Dialogszene aus seinem Theaterstück „Timon. In einem eigenen Abschnitt der Erzählung, lässt der Autor H. eine korrigierte Fassung eines Dialogs ins Reine schreiben, allerdings bleibt dieser Abschnitt unkommentiert und dialogisch nicht weiterverarbeitet – ein Beleg für die hier vertretene These, dass es Kappacher in seinem Roman zentral darum geht, über Kontextualisierungen einen Typus mit literarischen Mitteln zu konstruieren.

Überhaupt lassen sich Zweifel anmelden, ob der Fliegenpalast sinnvoll als Roman begriffen werden kann. Im Rahmen einer konventionell-realistischen Erzählauffassung, wie sie für Kappacher offensichtlich verbindlich ist, gibt es literaturtheoretisch zwei grundlegende Voraussetzungen für den literarischen Status des Romans: Das Vorhandenseins eines gewissen dramatischen Spannungsbogens, die Fortschreibung eines Handlungsgeschehens und die vertiefte Herausarbeitung der wichtigsten Personcharaktere, auch in ihren wechselseitigen Beziehungen. Von beidem kann kaum die Rede sein. ‚Ist aus verschiedenen bereits genannten Gründen eine dynamisch-dramatische Gestaltung, ein Spannungsbogen im Handlungsverlauf nicht existent, so ist auch die personale Ausstattung , was andere tragende Figuren betrifft, relativ dünn. Außer dem Protagonisten H. sind alle anderen, sicherlich nicht wenige, Figuren auffallend unterbelichtet und tauchen jeweils nur kurz in kurzen Charakterisierungen auf, die eher dazu dienen, den Protagonisten zu pointieren. H. ist gewissermaßen umstellt von großen Anzahl nicht anwesender und vage bleibender Personen, dafür aber eine illustre Gesellschaft (Kontextualisierung).

Die wenigen Handlungspersonen im direkten Kontakt mit H. – die Baronin und deren „Leibarzt" Dr. Krakauer – bleiben ebenfalls weitgehend unterbelichtet.

Interessant ist die von Kappacher gewählte raum-zeitliche Verortung seiner Prosa, indem er in der Fokussierung auf einen subjektiven Sehnsuchtsort des Protagonisten für nur 11 Tage eine anregende Verdichtung und Vielfalt von Bezügen und (erinnerten) Handlungen und Gedanken ermöglicht, was jedoch im Verlauf der Lektüre an Wirkung verliert, weil durch deren Wiederholung der bereits erwähnt Ermüdungseffekt erzeugt wird. Etwas abgemildert wird er dadurch, dass der Text nicht strikt chronologisch strukturiert ist, sondern durch

zahlreiche Rückblenden und Erinnerungen der Hauptfigur aufgelockert ist. Angenehm in diesem Zusammenhang ist auch, dass der Ausgang offen bleibt und die Abreise der Hauptfigur kein Thema mehr ist (Es ist nichts).

Sofern es zutrifft, dass Kappachers Absicht darin besteht, den Fliegenpalast als typisierende Prosa anzulegen, scheint auch die von ihm gewählte traditionell-realistische Erzählsprache durchaus angemessen für die Epoche, in der die Handlung spielt. Auf diese erzählerische Rekonstruktion des Autors kann sich der Leser auch genüsslich einlassen. Es gelingt ihm deshalb, weil er es vermeidet, den imitatorischen Stil überzubetonen, eine zu enge sprachliche Kontextualisierung vorzunehmen, d.h. er bewahrt eine gewisse stilistische Neutralität, lässt sich nicht zu tief und in allen Feinheiten auf einen damals vielleicht gängigen Sprachgestus des geschilderten Milieus ein, weil er ja ein zeitgenössischer Autor ist. Kappacher erzählt in diesem Sinne souverän und den Leser einladend-mitführend, man lässt sich gerne in die Welt von Fusch hineinziehen. Trotzdem erscheint die Erzählung zu glatt. Ein Grund: die Erzählung wechselt sehr häufig und abrupt zwischen auktorialer und personaler Erzählsituation – was aus Gründen der Literarizität eigentlich positiv zu werten wäre -, bleibt dabei jedoch bei dem identischen, klassisch-realistischen Erzählgestus. Kappacher hat hier die Chance vertan, seine Prosa interessanter und vielschichtiger zu gestalten, und zwar dadurch, dass er die Erzählungen des allwissenden Autors mehr in Distanz und Reflektion zu den personalen Einlassungen der Hauptfigur, also sprachlich eine Differenz hätte setzen können. Die Option hätte darin bestanden, den Sachverhalt literarisch umzusetzen und somit auszunutzen, dass der Erzähler einer völlig anderen Epoche als der Protagonist angehört.

Unter dem Strich: Den „Fliegenpalast" als den „literarischen Glücksfall und als eines der herausragendsten Bücher der letzten Jahre" zu bezeichnen muss als eine maßlose Überbewertung bezeichnet werden, die auf dem situativen Hintergrund der Büchnerpreisverleihung und der dort von Paul Ingendaay vorgetragenen Eloge nachvollziehbar wird.

Attestiert werden kann dem Autor eine dezente und unkomplizierte Prosa, er kann mit feinen Beobachtungen Stimmungen erzeugen, wie Hans Albrecht Koch in der Neuen Züricher Zeitung schrieb (27. 5. 2009), ein Erzählstil von Gepflegtheit, ja unspektakulärer Eleganz. Er erweist sich auch als profunder Kenner der Biografie Hugo von Hofmannsthals und es gelingt ihm durchaus, dem Leser die Welt des Großschriftstellers näher zu bringen und verständlich zu machen. Er schafft es so zumindest streckenweise den Leser in den Erzählfluß einzubinden und mitzunehmen, der sich zunächst genüsslich auf die Welt von H. einlassen

8

kann. Leider nutzt sich diese durchaus subtile und stilsichere Prosa im Verlauf der Lektüre deutlich ab: Es fehlt ein Spannungsbogen, zu vermissen ist eine irgendwie geartete dramatischen Entwicklung. Allein die Typisierungsabsicht trägt nicht einmal für diese quantitiv eher bescheidene Prosa, die eher als eine Erzählung durchgehen mag, denn als Roman, wie in der Kritik bezeichnet. Die offensichtlich intendierten Wiederholungseffekte und die erzählerische Eindimensionalität im Sprachgestus bewirken auf Seiten des Lesers mit zunehmender Lektüredauer Ermüdungserscheinungen und eine anfängliche Begeisterung lässt doch bald nach. Außer dem Protagonisten H. werden andere Handlungspersonen nicht näher vorgestellt und durchgearbeitet und die inhaltlich-geistigen Themen, die den Großschriftsteller umtreiben werden mitnichten substantiell aufgespannt, sondern assoziativ, als schmückendes Beiwerk oberflächlich behandelt.

Wenn auch Kappachers Prosa insgesamt erzählerisch solide und dem Sujet „Kurbad der 1920er Jahre" durchaus angemessen, so ist doch der Bau seiner Erzählung zu schmalbrüstig und wenig gehaltvoll. Angesichts der bisherigen Elogen macht sich dann doch Enttäuschung breit. Im Kontext der aktuell-gegenwärtigen deutschsprachigen Literaturszene (etwa im Vergleich zu Peter Kurzeck, Reinhard Jirgl, Sybille Lewitscharoff, Juli Zeh oder auch Wolfgang Hilbig, Georg Klein, um nur einige zu nennen) erscheint die Fliegenpalastprosa eher als solides erzählerisches Handwerk, denn als literarisch avanciertes Schreiben, das neuen formell-gestalterischen Ansprüchen genügen würde.